CONSTITUTION DU TRAVAIL

PAR

ANDRÉ RATOUIS (DE MAINE-ET-LOIRE),

OUVRIER CORDONNIER,

Membre du Club des Quinze-Vingts.

AVANT-PROPOS.

Citoyens,

Les événements qui se sont succédé depuis le 24 février ont dû produire sur nos intelligences un développement politique et social ; mais les événements ont marché vite, et le développement des intelligences va doucement !

Quel est celui parmi nous dont le patriotisme est animé d'un sentiment véritablement populaire, qui ne soit pas pressé de voir la fin de cette maladie invétérée, de l'exploitation de l'homme par l'homme? position qui n'est plus tenable, pour les véritables amis de l'ordre ; car depuis 1789, elle nous a toujours mis le lendemain d'une révolution, à la veille d'une autre. Soyons véritablement patriotes républicains, et réfléchissons. L'homme doit-il se lapider? Non, il doit s'aider.

La République démocratique est le seul gouvernement qu'il convienne de maintenir et de soutenir;

1848

la nouvelle ère sociale qui est non-seulement utile, mais qu'il est impossible de ne pas renouveler dans l'intérêt particulier de chacun, et pour l'union et la gloire de la France. J'en appelle aux hommes de science et aux hommes réfléchis : est-il possible de détruire un principe basé sur la nécessité des besoins, principe que, si les nécessiteux ne le comprennent pas sur-le-champ, ils ne peuvent tarder à le reconnaître.

Oui, je le répète avec conviction : il est impossible de tenter la destruction de ce principe sans se creuser à soi-même un abîme profond. Aux grands maux, les grands remèdes. Le travail est, dit-on, désorganisé ; raison de plus pour le réorganiser ; mais d'une manière juste, durable, lucrative et conservatrice de tous les véritables intérêts. A ce sujet, cherchons, élaborons la possibilité ou l'impossibilité de l'organisation du travail par l'association des travailleurs. Pour moi, je déclare reconnaître cette possibilité, ne retranchant la part dans la nouvelle société qu'à l'égoïsme et à la cupidité.

Toute question sociale qui tendrait à l'attaque de la propriété n'aura jamais mon assentiment ; mais je ne veux pas que l'on reconnaisse comme propriété, les intérêts scandaleux, que certains capitalistes obtiennent de leurs capitaux, par le moyen de l'agiotage et de l'exploitation.

ARTICLE Ier.

Pour baser les associations l'État devra, en tout et pour tout, aide et protection aux diverses associations générales de chaque industrie.

ART. II.

A cet effet, par un décret rendu, l'État devra réformer définitivement toute espèce d'agiotage et de société financière montée par actions ayant pour but de réunir un gros capital qui, jusqu'à ce jour, n'a servi qu'à l'exploitation du travail, en doublant le capital au détriment des travailleurs.

ART. III.

Remarquons bien que le capital associé a enlevé, soit par l'exploitation ou la concurrence, tous les bénéfices du travail manuel; eh bien, en associant le travail, vous verrez naturellement et forcément, le travail reprendre ses légitimes bénéfices, ne laissant au capital que ses propres intérêts.

ART. IV.

Il est un fait reconnu, que le travail établi, le rapport doit-être la question primaire; il n'est pas moins reconnu, que le capital ne servant que comme aide, par conséquent ne doit être que secondaire, celui qui travaille doit jouir des bénéfices; celui qui ne travaille pas n'a droit qu'aux intérêts de ses fonds placés.

ART. V.

L'État devra se porter caution des associations, jusqu'à ce que les associations puissent se garantir elles-mêmes, une fois que l'association aurait une garantie suffisante, l'État se retirerait et deviendrait neutre.

Art. VI.

Les capitaux ne pouvant plus servir à l'exploitation, les capitalistes reconnaissant leurs erreurs, placeraient leurs fonds dans les diverses associations agricolles ou industrielles; en restant en dehors des associations, ils recevraient cinq pour cent d'intérêt de leurs fonds placés hypothécairement sur le matériel des associations et sous la garantie de l'Etat.

Art. VII.

Un citoyen ne possédant qu'une faible fortune et voulant encore travailler, serait reçu dans l'association comme tout autre travailleur; seulement il serait obligé de placer ses capitaux dans l'association, et il recevrait, indépendamment de son travail, les mêmes intérêts que les autres prêteurs.

Art. VIII.

Tout citoyen qui n'aurait pas confiance dans la garantie des travailleurs et de la patrie, commettrait un acte de mauvais citoyen, et on le lui reprocherait comme punition matérielle.

Art. IX.

En cas de besoin, le trésor de l'État devra faire les avances nécessaires pour faciliter dans les plus larges bases les associations; les associations lui tiendront compte de ses avances, soit en le remboursant, ou en lui servant des intérêts que l'État fixerait lui-même.

Art. X.

Pour s'approprier son matériel et garantir son commerce il serait établi, dès le commencement des associations, une légère retenue sur le prix de la journée de chaque associé.

Art. XI.

Chaque associé serait porteur d'un livret, sur lequel il

serait inscrit la retenue qui lui serait faite sur chaque paie ;
le même intérêt serait accordé au total de ses retenues,
ainsi qu'au capital des prêteurs ; en cas de nécessité, la retenue serait libre.

Art. XII.

Les heures de travail qui devront former la journée seront fixées, mais chaque travailleur sera libre de travailler
le temps qu'il lui plaira, vu que lorsqu'il ne travaillera pas,
il ne sera pas rétribué, mais s'il était re onnu qu'un associé,
par mauvais vouloir, ou mauvaise conduite, entraverait la
marche de l'association, il subirait un jugement de famille,
composé de tous les citoyens en rapport d'intérêts avec lui
dans l'association. Toutefois, chaque association aurait son
règlement suivant la commodité et l'exigence que réclame-
rait son industrie.

Art. XIII.

Chaque industrie formerait un genre d'association parti-
culière, car tel genre d'association convenable et avanta-
geuse à une corporation, pourrait bien ne pas convenir à
une autre.

Art. XIV.

Pour principe de fraternité et éviter la banqueroute,
toutes les associations seront solidaires les uns des autres ;
la solidarité sera reconnue envers une association, lorsqu'il
sera prouvé que, ni la négligence ni le manque d'intelligence n'aurait occasionné sa perte.

Art. XV.

Une mise à la masse, suivant le revenu bénéficiaire de
chaque association, de toutes les industries, serait réservée
pour assurer la solidarité qui devra s'étendre sur tout le
territoire français.

Art. XVI.

La rétribution des salaires se basera sur un minimum ;

tout citoyen ayant droit à vivre en travaillant, il ne sera pas reconnu de maximum, vu qu'il est impossible d'établir des limites aux talents.

Art. XVII.

Les citoyens que la nature n'aurait pas doués de la vigilence ou des talents, mais qui n'en seraient pas moins reconnus comme travailleurs laborieux, recevraient 4 fr. par jour fixes, accordés au minimum; la composition de la journée de travail serait de dix heures.

Art. XVIII.

Les salaires seront successivement en rapport avec la capacité du travail de chaque associé, l'on ne devra pas toujours se baser sur le minimum pour le salaire des plus habiles; chaque association statuerait dans son règlement un article à cet égard.

Art. XIX.

Dans chaque association, la récapitulation des recettes, des dépenses, des commandes et des livraisons, serait aussi réglée suivant la commodité de chaque association; mais pour la plupart on l'exigerait tous les six mois, et les rapports bénéficiaires bien reconnus et prouvés, le total serait signé volontairement par tous les associés.

Art. XX.

Les conducteurs de travaux, contre maîtres, chefs d'ateliers, caissiers, secrétaires, etc., seront élus au scrutin, choisis et désignés comme candidats par tous les membres de l'association. Pour être élu, il faudra obtenir les deux tiers des suffrages pour avoir la majorité.

Art. XXI.

Pour établir l'égalité des droits et des devoirs dans les associations, les citoyens que les suffrages auront reconnus directeurs des travaux d'une association, ne seront pas plus salariés que les autres associés ; seulement l'on statuera pour leur salaire sur le gain des plus capables.

Art. XXII.

Dans toutes espèces d'entreprise, l'association générale est la garantie ; aucun associé n'est pas plus responsable l'un que l'autre ; seulement, les directeurs devront aux travaux de l'association tous leurs talents et leur intelligence, outre leurs occupations spéciales, si le temps qu'ils devront à l'association le leur permet, ils surveilleront et examineront les travaux, soit en démontrant ou en exécutant.

Art. XIII.

Pour n'attenter en rien à la liberté individuelle, l'État ne devra suspendre aucun établissement particulier d'aucune industrie ; seulement il veillera à ce que les travailleurs qu'ils occuperont obtiennent les mêmes salaires que ceux accordés dans les associations, rétributions qui seraient reconnues comme règle générale.

Art. XXIV.

Si quelque établissement voulait tenter la concurrence, jugez notre avantage : association générale contre des particuliers, la lutte ne serait véritablement pas égale pour nos adversaires.

Art. XXV.

Pour faciliter les habitudes particulières des citoyens de plusieurs industries, et pour ne pas les priver de leurs droits d'association, un moyen serait avisé pour pouvoir distribuer des travaux à domicile sans porter préjudice aux associés ni aux associations.

Art. XXVI.

L'on établira les prix des ouvrages fabriqués hors l'association en rapports égaux aux prix de la journée ; l'association ne fournira des travaux qu'à ses associés. Tout citoyen pourra faire partie des associations, sans exception ; sa moralité, et son savoir, seront jugés à l'œuvre.

Art. XXVII.

Pour établir le tarif des façons, un jugement sera prononcé dans une réunion d'un grand nombre d'associés ; cette mesure sera prise, particulièrement, pour chaque industrie.

Art. XXVIII.

Le jugement se prononcerait sur cet exemple :

Un travailleur reconnu d'une habileté supérieure fabrique ordinairement dans huit heures de travail une pièce d'ouvrage désignée ; un autre travailleur, reconnu d'une habileté inférieure, fabrique ordinairement dans douze heures de travail cette même pièce d'ouvrage. La justice, dans son impartialité, doit reconnaître la rétribution de salaire de dix heures de travail.

Art. XXIX.

Les dix heures de travail, formant la totalité de la journée, la rétribution de la journée au minimum étant fixé à quatre francs, le façonneur associé recevrait quatre francs de ladite pièce d'ouvrage.

Art. XXX.

L'on statuerait sur cet exemple pour les articles supérieurs ou inférieurs.

Art. XXXI.

Lorsqu'il serait reconnu qu'un associé s'occuperait de travaux en dehors de l'association, il serait privé de sa portion des bénéfices recueillis dans le courant des six mois.

Art. XXXII.

Pour mettre l'association à l'abri du chômage, l'État devra employer tous les moyens en sa puissance pour assurer le débit de nos produits, soit en protégeant le commerce maritime, ou en facilitant le transport, qui exporterait les œuvres de nos travaux dans tous les pays : soit encore en établissant des comptoirs marchands dans tous les endroits où le débit pourrait nous être avantageux.

ART. XXXIII.

L'État prendra les mesures nécessaires pour la diminution des tarifs exorbitants qui pèsent sur certains articles de l'industrie, que certaines nationalités prélèvent sur nos exportations.

ART. XXIV.

Les quatre francs, *minimum salaire* d'une journée, ne seront accordés que dans les villes ou les aliments et toutes les choses utiles à l'existence seront les plus chers.

ART. XXXV.

Dans tout lieu où résiderait des associations, le prix de la journée se baserait toujours sur le minimum ; mais on prendra en considération la position locale.

ART. XXXVI.

Les prix de vente des travaux seront établis dans une réunion nombreuses d'associés. Les prix de vente seront les mêmes partout, n'importe la localité.

ART. XXXVII.

Les associations pourront admettre des prix de vente différents, mais seulement en proportion de qualité supérieure ou inférieure.

ART. XXXII.

Des communications fréquentes devront exister entre les associations de la même industrie ; aucune modification quelconque ne pourra être faite sans l'assentiment de l'industrie entière.

ART. XXXIX.

Un rapport exacte sera fait des bénéfices nets qu'auront

obtenu les travaux que l'on surait livrés et qui aurait été
acquittés dans l'espace des six mois.

ART. XL.

Lorsque les associations d'une même ville auront réglé
leur compte général tous les six mois, les caissiers, les
secrétaires et les délégués des associations de la même industrie se réuniront tous ensemble et formeront, des bénéfices nets obtenus dans chaque association, un seul total.

XLI.

Avant que de se séparer, la commission, réunie dans
chaque ville pour régler les bénéfices acquis, enverrait un
rapport de leur délibération, et le total des bénéfices qu'ils
auront obtenu à la commission centrale, qui se réunirait
tous les six mois pour la répartition des bénéfices nets.

ART. XLII.

Les bénéfices étant bien reconnus, le chiffre total devant
appartenir à chaque association serait établi par la commission centrale qui serait spécialement chargée de la répartition des bénéfices, et qui devra faire parvenir le chiffre qui
reviendrait à chaque association sitôt son opération ter-
minée.

ART. XLIII.

Sitôt que les associations auront reçu la déclaration du
montant de leurs bénéfices, l'association répartira, suivant
le travail qui aura été fait par chacun des associés, ledit
bénéfice. La même chose se répétera dans chaque industrie
tous les six mois.

ART. XLIV.

Chaque association fera un détail exact sur le rapport
qu'elle enverra à la commission centrale, soit de ses dettes,
soit de ses arrangements avec ses prêteurs, soit des travaux
qu'elle aurait en confection, soit des travaux terminés et
non livrés, et une circulaire qui partirait de la commission

centrale donnerait connaissance à chaque association de la position de son industrie.

Art. XLV.

La commission centrale siégera dans toutes les villes principales chacune leur tour, et se composera toujours des chefs d'associations et de délégués désignés par les associés de ladite ville.

Art. XLVI.

Tout associé qui quittera la société dans le courant des six mois n'aura aucun droit aux bénéfices des travaux non terminés.

Art. XLVII.

Tous les règlements de compte, les correspondances utiles aux associations devront se faire, par les citoyens qui en seront chargés, avec exactitude, sous peine de subir un jugement d'un conseil de famille composé de sept membres faisant parti de l'association. Ce conseil de famille sera nommé pour six mois par l'association entière.

Art. XLVIII.

Chaque association aura un règlement qui taxera les amendes que l'on appliquera aux associés qui ne feront pas leur devoir.

Art. XLIX.

Si on exige la répartition des bénéfices d'une association dans l'autre, c'est pour éviter le désagrément grave qui pourrait survenir. Si une association plus en vogue recueillait des commandes plus avantageuses, il en résulterait qu'elle obtiendrait des bénéfices beaucoup plus considérables que les autres associations.

Art. L.

Des mesures seront prises pour que tout espèce de travaux puisse se fabriquer dans toutes les associations de la même industrie ; le rapport d'intérêts qui existera dans les associations donnera facilité aux associés de changer d'association pour des circonstances inattendues.

Art. LI.

Aucune association ne pourra refuser un apprenti sans connaissance de cause ; à ce sujet, il faudrait consulter tous les membres de l'association. Si l'on s'apercevait qu'un trop grand nombre de jeunes gens voulussent entrer dans une industrie, lorsqu'il y en aurait qui manquerait de bras, des mesures seraient prises à cet égard.

Art. LII.

Les apprentis ou jeunes gens seront encouragés au concours sitôt que leurs faibles capacités rapporteront ; ils seront rétribués en conséquence de leurs travaux, seulement ils n'auront pas part aux bénéfices.

Art. LIII.

Le règlement de chaque industrie fixera l'âge auquel les apprentis seront admis, et l'âge auquel ils seront reconnus comme associés.

Art. LIV.

Chaque industrie, dans son règlement, fixerait un âge auquel un associé ne pourrait plus faire partie de l'association ; chaque associé qui aurait atteint cet âge serait obligé de se retirer. Il est bien entendu que l'association devra s'acquitter envers lui de tout ce qu'elle lui devra.

Art. LV.

Les ouvriers ou chefs d'industrie voulant faire partie de l'association et qui posséderaient un matériel en rapport avec l'industrie, tel que outils, marchandises, machines, etc., les livreraient à l'association qui leur en tiendrait compte d'après l'estimation qui en serait faite.

FIN DE LA CONSTITUTION DU TRAVAIL.

CONCLUSION.

L'on m'objectera, sans doute, que bien des corporations (il est pénible de l'avouer) gagnent à peine deux francs par jour, le prix de chaque journée répartie l'une dans l'autre; que si on leur accorde le prix fixé par l'association leur industrie tombera. Eh bien, non, les articles que cette industrie confectionne augmenteraient, mais calculons bien, qu'il arrive souvent, que certains articles rapportent autant de bénéfices au patron, que le salaire accordé à la main d'œuvre; il est donc évident que l'on pourrait encore jouir du bon marché des divers produits de ces industries; d'ailleurs les diverses corporations se rattachent aux premières nécessités de l'existence, ne nous offrirons pas cet inconvenient; c'est incontestable.

Convainquons nous bien de ce fait, que si une industrie n'accorde pas une rétribution valable à ses industriels, c'est que l'exploitation ou la concurrence ne l'attaque plus, mais elle la dévore, et il en résultera que si nous ne portons pas un remède énergique à cette maladie contagieuse, les meilleures branches de l'industrie ne seront pas à l'abri de ses ravages destructeurs, car j'ose le dire, pas une ne peut se dire inattaquable, et non plus pas attaquée.

APERÇU DE LA DÉTÉRIORATION D'UNE INDUSTRIE QUELCONQUE.

Soit, des entreprises de commissions pour la France et l'étranger; soit, des magasins de confection ou de fabrication possédant tout; soit, par association de fortune ou par action d'énorme capitaux, ce qui leur donne la facilité de n'avoir, depuis la première matière, jusqu'à l'achèvement complet de leurs marchandises, aucun intermédiaire qui prélèverait bénéfice entre eux et les producteurs.

Voilà ce qui leur donne un grand avantage sur tous les petits établissements qui ne peuvent jouir des mêmes faveurs. Ces grandes entreprises ont toutes le caractère exploiteur, et diminuent les prix des ouvriers à volonté, par le moyen qu'il fournisse, par moment, de l'ouvrage en quantité, ce qui leur donne souvent la préférence des travailleurs. Ils ont enfin tous les avantages pour pouvoir vendre à bon marché, et se réserver un joli bénéfice, vu que c'est toujours la main-d'œuvre qui est le point de mire de la vente. Il résulte de cela, que les chefs des petits magasins ou boutiques diminuent la rétribution de salaire qu'ils accordaient à leurs ouvriers, afin de pouvoir baisser leurs prix de vente, qu'il ne peuvent plus tenir en comparaison des prix de leurs concurrents.

Maintenant, voyons ce que fait et devient l'ouvrier :

Ceux qui ont de l'ouvrage se forcent au travail, soit par l'agilité, en faisant de leurs bras une machine, ou par la prolongation de leur journée, par ce moyen ils arrivent à obtenir une journée qui leur est nécessaire pour suffire à leur existence et à celle de leur famille. Mais de jour en jour, des ouvriers manquent de travaux, vient un moment ou des travailleurs très-capables et laborieux ont beau faire, il leur est impossible de trouver la part de travail qui doit les faire vivre. Et la cause où est elle ? C'est que les travaux qui occupaient cinq ouvriers n'en demandent plus que trois, vu que trois, pour obtenir leur journée, en font autant comme cinq en aurait fait précédemment ; ce mal se propage doucement, mais

il se propage toujours. Et cependant, les ouvriers qui
ne travaillent pas, il faut qu'ils vivent, et pour vivre en
travaillant, voilà ce qu'ils font : Ils se procurent un
faible crédit, confectionnent des articles concernant
leur industrie, et livrent aux acheteurs le fruit de leurs
travaux au plus bas minimum ; ils ne prélèvent même
pas toujours, pour tout bénéfice, le prix de leur
journée ; voilà donc, par la concurrence, le bénéfice
du patron entièrement aboli, si cette marche con-
tinue, il est donc impossible que les maîtres les mieux
établis ne se trouvent dans un temps voulu, sur la
pente malheureuse de la banqueroute, à moins que
leur fortune ne leur permettent de se mettre au
nombre des acheteurs qui pourront seuls jouir des
bénéfices des produits, et pourront faire de la masse
des travailleurs un peuple d'esclaves ; car si le progrès ne s'émancipe pas, il faut qu'il s'engloutisse.

Citoyens, je veux bien ne pas douter des inten-
tions patriotiques et humanitaires des membres qui
composent l'Assemblée nationale, mais s'il est possible de croire que l'organisation du travail n'y est
pas traitée comme elle devrait l'être, à en croire
quelques-uns, ce serait une faute de ne pas la com-
prendre.

Eh bien, s'il en est ainsi, qu'un représentant du
peuple soit véritablement représentant du vrai
peuple, qu'il monte à la tribune pour dire à l'Assemblée nationale :

Voulez-vous que les travailleurs français s'écrient
que vous avez bien mérité de la patrie, et que vos
noms en forme de guirlande servent de couronnes à
l'immortalité ; pour obtenir cela voilà ce qu'il faut faire :

Votez unanimement l'abolition de l'exploitation et
de l'agiotage.

Votez unanimement l'association générale agricolle et industrielle.

Votez unanimement, que l'État sera caution et protecteur de nos associations.

Votez l'urgence d'un ministère du travail et du progrès. Cela fait, les travailleurs feront le reste, le beau pays de France sera envié par le monde entier, tous les peuples deviendront frères, car alors, nous pourrons émanciper les nations esclaves, l'union fera la force ; j'ose le dire : je crois que tout citoyen véritablement républicain ne doit pas hésiter à se soumettre aux veux d'un peuple souverain, qui veut vivre en travaillant, et qui veut jouir des bénéfices que son travail rapporte.

Qu'avez-vous à craindre ? Que nous soyons plus heureux, que nous devenions plus riches ? Que notre position en s'améliorant, se rapproche un peu de la vôtre ? Oh non ! Vous ne craignez pas cela, au contraire, j'aime à croire que c'est votre désir, car en définitif, ce que nous voulons empêcherait-il celui qui est riche d'être riche ; non, le bon riche serait plus riche, le mauvais riche se guérirait de son avarice et de sa cupidité, et vous, vous n'en seriez pas moins les véritables Représentants du peuple, si pour donner l'exemple, en retirant tous vos fonds placés dans les associations commerciales, pour les placer en premières lignes dans les associations générales de France (Agricolle ou Industrielle).

Les citoyens qui auraient des observations à faire, sont priés de les communiquer ; à M. André Ratouis, rue Jean-Beausire, 11.

En Vente au club des Quinze-Vingt,
Ou chez M. André RADOUIS, rue Jean-Beausire, 11.

Paris. — Imprimerie Dondey-Dupré, rue Saint-Louis, 46, au Marais.